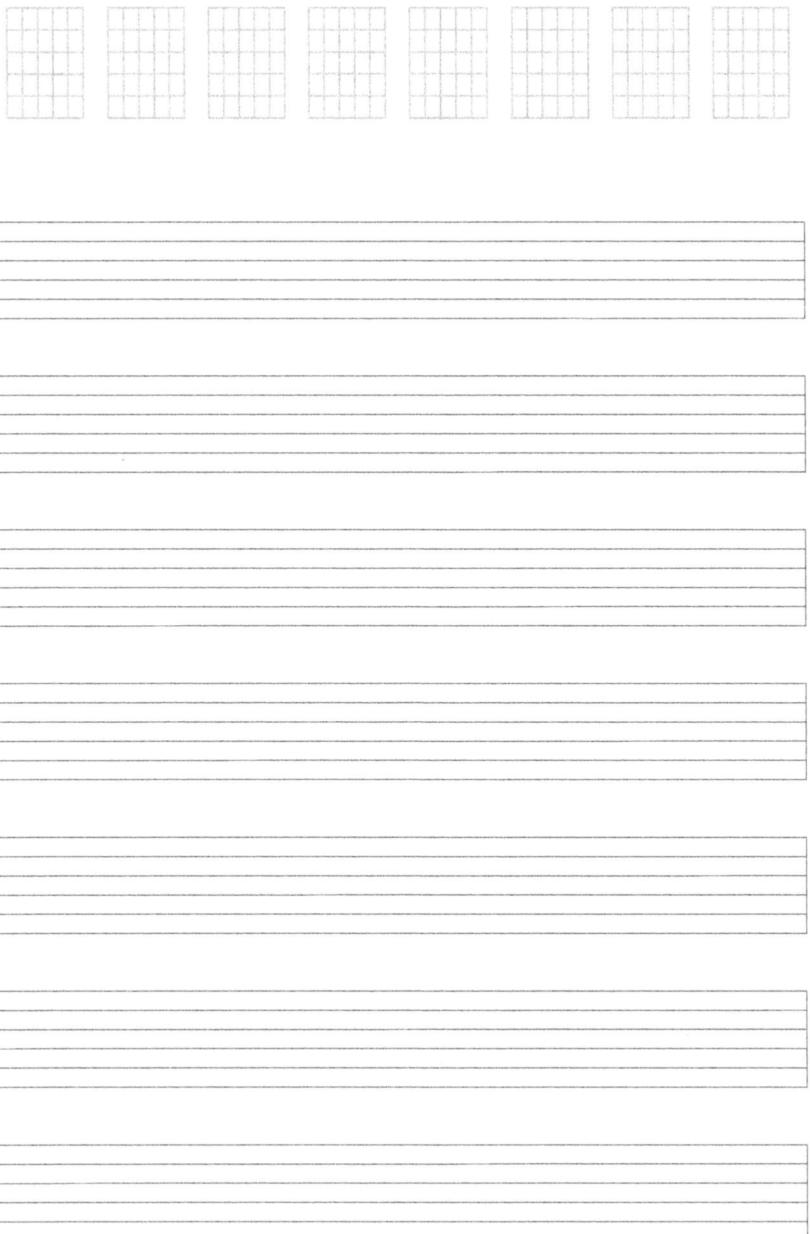

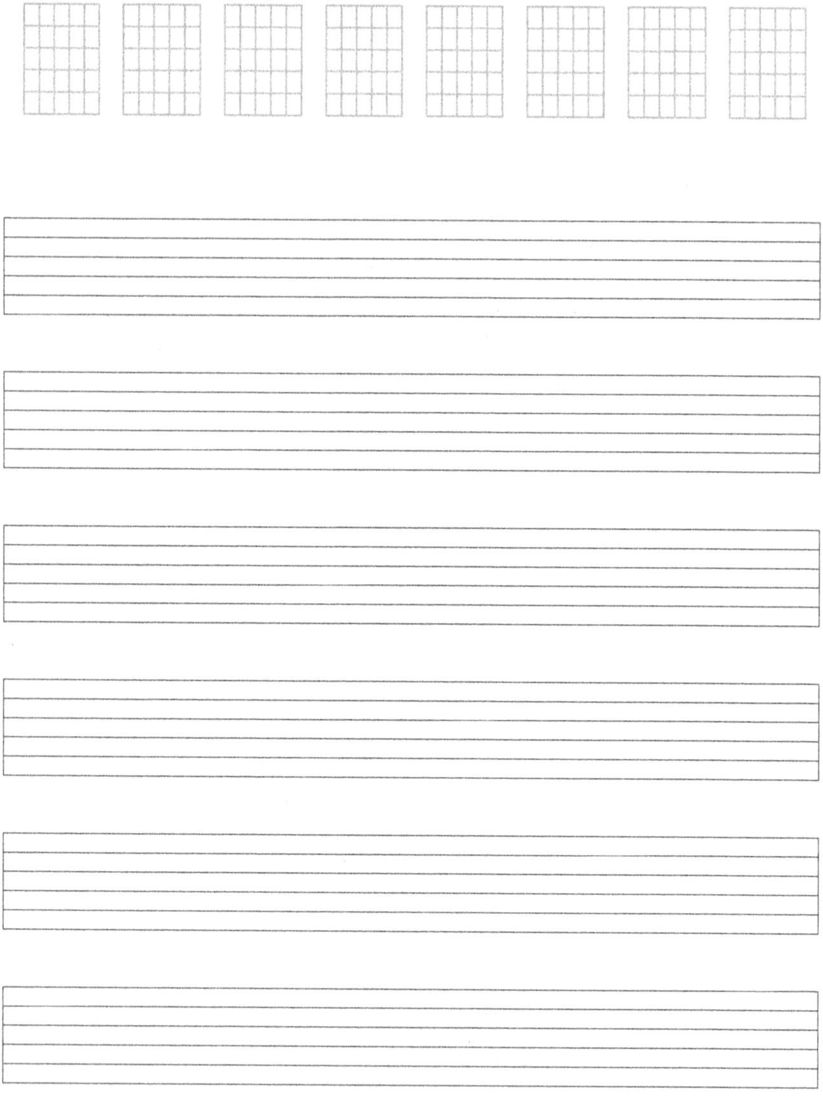

www.ingramcontent.com/pod-product-compliance
Lightning Source LLC
Chambersburg PA
CBHW070029210526
45170CB00012B/505

* 9 7 8 0 5 5 7 3 5 6 8 6 7 *